Margret Eisenbrandt

Mit Friesenbäumen durch das Jahr

frechverlag

Kirschbaum (Abbildung auf Seite 1)

- *Friesenbaum, 3 Querstreben, ca. 47 cm hoch*
- *Acryl-Glanzfarbe, rot, weiß*
- *Moosgummi, 2 mm stark, rot, grün*
- *Steckdraht, ø ca. 0,8 mm*
- *Kirschblütenzweig*
- *Dekobeeren, klein, grün*
- *Grasfaser, grün*
- *2 Spankörbe, 9 cm lang, 4 cm breit*
- *Schleifenband, rot mit weißen Punkten, 25 mm breit, 2 x 40 cm, 2 x 30 cm, 2 x 25 cm, Einfachschleifen*
- *Satinband, grün, 3 mm breit, 2 x 60 cm, Doppelschleifen*
- *Satinband, rot, 3 mm breit, 2 x 35 cm*
- *Perlonfaden, ø 0,15 mm*
- *Wasserfester Filzstift, grün*
- *Terrakotta-Pen, rot (von Hobbidee®)*
- *Seitenschneider*

Bemalen Sie zunächst den Friesenbaum mit weißer Acryl-Glanzfarbe. Alle Holzkugeln werden mit roter Farbe abgesetzt (Aufhängung s. S. 16).

Sie benötigen 20 Kirschen, jede besteht aus zwei deckungsgleichen Teilen. Form und Anzahl der Blätter aus grünem Moosgummi können Sie selbst bestimmen. Malen Sie mit wasserfestem, grünem Stift Blattadern auf und umranden Sie die Blätter. Schneiden Sie für die Stiele mit einem Seitenschneider 4-7 cm lange Stücke Steckdraht zu. Bevor Sie beide Kirschteile mit Klebstoff zusammenfügen, kleben Sie den bzw. die Stiele au ein Teil. Auf einem Blatt befestigen Sie nebeneinander zwei oder drei Kirschstiele un decken die Klebestelle mit einem Blatt ode einer Blüte ab. Sie können auch ein dritte Blatt ankleben. Malen Sie mithilfe eines Pinsels weiße Glanzfarbe als Lichtpunkte auf di Kirschen und umranden Sie sie etwas mit rotem Terrakotta-Pen.

An der Spitze des Friesenbaumes beginnend setzen Sie auf die Mittelachse de Querstreben beidseitig eine kleine, gepunktete Schleife. Nach unten lässt man entsprechend der Querstreben die Schleifen länge werden.

Auf der unteren Querstrebe fixieren Sie m Klebstoff in der Mitte eine grüne Satinschleife. Füllen Sie die Körbe mit Grasfaser un Beeren und befestigen Sie auf einer Seite eine einzelne Kirsche mit Blatt und auf der anderen Seite ein Paar Kirschen. Mit rotem Satinband hängt man die Körbchen und m Perlonfaden die Kirschen auf.

Schneiden Sie den Kirschblütenzweig i mehrere Teile und schmücken Sie den Friesenbaum um die Schleifen mit Blüten un Beeren aus, die Sie mit Heißkleber befestigen Einige einzelne Deko-Blätter können zu Schluss nach Belieben angebracht werden.

Fotos: frechverlag GmbH + Co. Druck KG, 70499 Stuttgart;
Fotostudio Ullrich & Co., Renningen

Dieses Buch enthält:
2 Vorlagenbogen

Auflage:	5.	4.	3.	2.	1.	Letzte Zahlen
Jahr:	2003	2002	2001	2000	1999	maßgebend

frechverlag GmbH + Co. Druck KG, 70499 Stuttgart

ISBN 3-7724-2576-3 · Best.-Nr. 2576
Druck: frechverlag GmbH + Co. Druck KG, 70499 Stuttgart

Friesenbäume,

auch Fensterkreuze genannt, erfreuen sich immer größerer Beliebtheit, und das nicht nur in Friesland. Kein Wunder, denn sie können vielseitig geschmückt werden. In diesem Buch finden Sie Anregungen zu Dekorationen für Fensterkreuze aus Moosgummi, Fotokarton, Styroporteilen, Bändern, Deko-Floristik und mehr. Für jede Jahreszeit schlage ich Ihnen einige Ideen vor, so können Sie Ihren Baum immer der jeweiligen Saison anpassen. Lassen Sie sich überraschen, wie wandelbar Friesenbäume sind.

Viel Spaß beim Nacharbeiten der Vorschläge wünscht Ihnen

Margret Eisenbrandt

Materialien

- *Friesenbäume aus Holz*
- *Bleistift*
- *Radiergummi*
- *Phantomstift*
- *Fotokarton oder Tonkarton*
- *Karton (für Schablonen)*
- *Moosgummi in verschiedenen Farben, 1 mm und 2 mm stark*
- *Verschiedene Schleifenbänder*
- *Bindedraht*
- *Acrylfarben, glänzend oder matt*
- *Evtl. Klarlack*
- *Seidenfarben, bügelfixierbar*
- *Deko-Blüten*
- *Filzstifte*
- *Wasserfeste Filz- oder Folienstifte*
- *Alleskleber, UHU-por, Heißkleber, Holzleim*
- *Cutter (Schneidemesser) mit geeigneter Unterlage*
- *Pinsel in verschiedenen Größen*
- *Kopierfolie oder Transparentpapier*
- *Nähgarn oder Perlonfaden, 0,15 mm stark*
- *Nähnadel*
- *Schere, spitz*
- *Seitenschneider*
- *Schleifpapier, fein*
- *Terrakotta-Pen (von Hobbidee®)*

Bemalung der Friesenbäume

Einige Friesenbäume oder Fensterkreuze werden farbig angeboten. Die größte Auswahl gibt es aber bei naturbelassenen Friesenbäumen. Diese haben außerdem den Vorteil, dass Sie sie ganz nach Ihren Vorstellungen farblich gestalten können.

Mit glänzenden oder matten Acrylfarben und sogar mit bügelfixierbaren Seidenmalfarben können Sie sie bemalen.

Bevor Sie beginnen, bringen Sie alle Querstreben in die richtige Position und geben ihnen mit etwas Klebstoff (Alleskleber oder Holzleim), den Sie in die Bohrlöcher drücken, Halt.

Mit Seidenmalfarbe wird das Fensterkreuz nur einmal gestrichen, hierbei bleibt die Holzmaserung erhalten. Möchten Sie Acrylfarben verwenden, so wird der Friesenbaum zunächst einmal gestrichen, dann lassen Sie ihn trocknen. Bevor Sie ihn das zweite Mal streichen, werden Unebenheiten mit Schleifpapier glatt geschliffen.

Haben Sie nur matte Farbe zur Hand und möchten aber einen glänzenden Anstrich, so überziehen Sie nach dem Trocknen alles mit Klarlack .

Herstellung einer Schablone

Variante 1: Legen Sie Transparentpapier auf das gewünschte Motiv auf dem Vorlagenbogen und zeichnen Sie die einzelnen Teile mit Bleistift nach. Kleben Sie dann das Transparentpapier auf dünnen Karton und schneiden Sie die Teile aus.

Variante 2: Legen Sie eine Kopierfolie auf die Vorlage. Mithilfe eines wasserfesten Filzstiftes ziehen Sie die Linien auf der Folie nach. Danach wird alles sorgfältig ausgeschnitten.

Mit Schablonen arbeiten

Moosgummi: Legen Sie die Schablone auf das Moosgummi und umfahren Sie sie mit einem Phantomstift. Nach einiger Zeit verschwinden die Linien von selbst oder Sie benutzen die Löschspitze, die viele Stifte haben.

Papier: Legen Sie die Schablone auf das Papier bzw. den Tonkarton und umfahren Sie sie mit Bleistift. Noch sichtbare Bleistiftlinien radieren Sie nach dem Ausschneiden weg. Häufig werden Motivteile doppelt benötigt, da von beiden Seiten gestaltet wird. Ist der Karton einseitig gemustert, müssen Sie darauf achten, die Schablone so aufzulegen, dass die Teile deckungsgleich sind.

Klebstoffe

Deko-Teile aus Papier können mit Alleskleber zusammengefügt werden. Moosgummi lässt sich leicht mit UHU-por Klebstoff verarbeiten, indem Sie beide zu verklebende Flächen dünn einstreichen, antrocknen lassen und fest zusammendrücken .

Zum Verkleben kleiner Flächen kann auch Heißkleber sparsam verwendet werden. Viele Deko-Teile können Sie mit Heißkleber ganz schnell an dem entsprechenden Platz am Friesenbaum befestigen. Holz wird am besten mit Holzleim verklebt.

Styroporteile dürfen nicht mit Alleskleber verarbeitet werden, UHU-por eignet sich dafür sehr gut.

Aufhängen der Motive

Fädeln Sie auf eine Nähnadel Nähgarn oder dünnen Perlonfaden. Mit der Nadel stechen Sie vorsichtig durch das Motiv und ziehen den Faden durch. Verknoten Sie den Faden und hängen Sie das Teil auf.

Deko-Schleifen

Meistens bekommt ein Friesenbaum durch Schleifen, welche beidseitig angebracht werden, den letzten Pfiff. Oftmals sieht es gut aus, wenn mehrere unterschiedliche Schleifen übereinander angebracht werden.

Beginnen Sie mit der breitesten Schleife und fixieren Sie mit Klebstoff auf deren Mitte alle weiteren Schleifen. Die kleinste Schleife wird zum Schluss angebracht.

Einfachschleife

1. Schritt
Band über Kreuz legen.

2. Schritt
In der Mitte aneinanderlegen und etwas raffen.

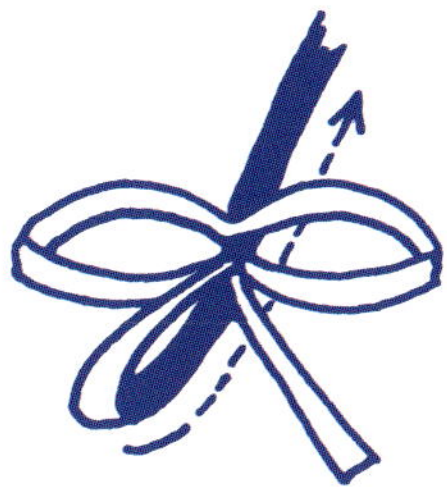

3. Schritt
Bindedraht zu einer U-Form biegen, um die Schleife legen, dann auf der Rückseite die Drahtenden fest zusammendrehen.

Aus einer nicht mit Draht versehenen Einfachschleife ensteht mit längerem Band eine Doppelschleife.

Doppelschleife

1. Schritt
Ein Ende des Bandes länger lassen. Dieses als Schlaufe nach hinten auf die Mitte legen.

2. Schritt
Das nun nach oben stehende Band wird auf die Vorderseite mittig zur Schlaufe gelegt und etwas gerafft. Mit Draht der Schleife Halt geben.

Verschiedene, aufeinander gedrahtete Schleifen wirken sehr schön. Beginnen Sie immer mit der breitesten Schleife.

Lustige Gänseschar

- *Friesenbaum in Blau, 3 Querstreben, 45 cm hoch, hängend*
- *Fotokarton, weiß, braun, orange*
- *Grasfaser*
- *Vergissmeinnicht- und Margeritenblüten*
- *1 Leeablätterzweig*
- *1 Rispenzweig*
- *Blätter*
- *Filzstift, schwarz, hellblau, braun*
- *Karoband, blau, 15 mm breit, 2 x 60 cm, Doppelschleifen*
- *Karoband, blau, 5 mm breit, 8 x 10 cm*
- *Taftband, hellblau, 10 mm breit, 2 x 50 cm, Einfachschleifen*
- *Seitenschneider*
- *Nähgarn, hellblau*

Schneiden Sie für Gänse und Zäune alle Teile aus Fotokarton zu. Mit Alleskleber setzen Sie die Einzelteile gemäß der Vorlage zusammen. Heben Sie das Federkleid mit hellblauem und die Zäune mit braunem Filzstift hervor. Schnabel und Augen werden mit schwarzem Stift aufgemalt. Jede Gans bekommt ein 10 cm langes blaues Karoband um den Hals gebunden.

Etwas Grasfaser wird auf jede Querstrebe geklebt. Zwei stehende Gänse sowie der kleine Zaun werden an unterschiedlich langen Fäden an der unteren Strebe aufgehängt. Kleben Sie unter den kleinen Zaun etwas Grasfaser und setzen Sie einzelne Blüten und Blätter hinein.

Alle anderen Gänse und Zäune werden wie auf der Abbildung zu sehen mit Klebstoff an den Querstreben fixiert. Bringen Sie bei den stehenden Gänsen den Klebstoff auf der Innenseite der Füße an, so können Sie die Querstrebe zwischen die Füße kleben, wodurch die Gans mehr Halt hat.

Der Leeablätterzweig wird mit einem Seitenschneider in unterschiedlich lange Stücke geschnitten. Diese werden entlang der Längsstrebe mit Klebstoff fixiert. Aus dem Rispenzweig stellen Sie zwei kleine Bündelchen her und kleben diese ins Gras. In der Mitte der untersten Querstrebe befestigen Sie nun auf beiden Seiten eine Karoschleife und darauf die Taftschleife. Zum Schluss lassen Sie Blumen wachsen, indem Vergissmeinnicht und Margeriten mit etwas Klebstoff verteilt ins Gras gesetzt werden.

Blumentöpfchen

- *Friesenbaum in Grün, 2 Streben, 35 cm hoch, hängend*
- *Moosgummi, 2 mm stark, hellgrün, dunkelgrün, weiß, ocker, hellbraun, braun*
- *Wasserfester Folienstift, grün, rot, braun, blau*
- *Verschiedene Blätter und Blüten, gelb, rot, blau, orange, rosa, weinrot*
- *Margeritenblüten*
- *Spitze, weiß, 4 cm breit, Länge entsprechend der Querstreben*
- *Karoband, grün-weiß, 5 mm breit, 2 x 50 cm, 2 x 40 cm, Doppelschleifen*

Aus Moosgummi werden die Teile gemäß der Vorlagen ausgeschnitten. An den Blätterbüschen wird beidseitig der entsprechende Topf mit UHU-por Klebstoff befestigt. Beide Töpfchen ebenfalls zusammenkleben.

Mit wasserfestem Stift verzieren Sie all Töpfchen und heben einige Blätter hervo Die Deko-Blüten und -Blättchen werden gan kurz abgeschnitten (darauf achten, dass di Blüten nicht auseinander fallen) und mit et was Heißkleber einzeln verteilt auf beide Seiten der Blätterbüsche befestigt.

Zwischen Daumen und Zeigefinger pen deln Sie alle Blumentöpfe aus und bringe Perlonfaden als Aufhänger an. Hängen Si nun alle Töpfe auf und befestigen Sie m Klebstoff die weiße Spitze auf einer Streb von vorne, auf der anderen von hinten, a den Querstreben. Auf die Mitte der untere Strebe kleben Sie beidseitig drei Blätter un eine Schleife aus 50 cm grünem Karobanc Platzieren Sie die übrigen Schleifen auf de Mitte der oberen Strebe. Schmücken Si Ihren Friesenbaum zum Schluss mit Margeritenblüten.

Eierhäuser

(Abbildung auf Seite 10)

Mit weißer Farbe werden alle Streben und mit gelber Farbe die Kugeln des Friesenbaumes bemalt. Alle fünf Styroporeier malen Sie ein- bis zweimal mit beiger Acrylfarbe an.

Nun schneiden Sie aus 1 mm starkem, rotem Moosgummi fünf Dächer aus. Streichen Sie diese auf einer Seite in einem Durchmesser von ca. 4 cm mit UHU-por dünn ein. Die Spitze des Eis wird ebenfalls auf der entsprechenden Fläche mit Klebstoff dünn eingestrichen. Sind die Klebeflächen angetrocknet, legen Sie die Flächen übereinander und drücken diese gleichmäßig fest an. Drehen Sie in die Mitte des Daches einen Aufhänger.

Schneiden Sie mit der Zackenschere je zwei Wiesenteile aus hellgrünem Moosgummi aus, diese schneiden Sie mehrmals zur Mitte hin ein. Unterhalb des Eis werden zwei Wiesenteile übereinander angeklebt. Jedes Hau bekommt drei Fenster aus 1 mm starkem hellblauem Moosgummi sowie Fensterläde und eine Türe aus 1 mm starken Moosgum miresten. Die Teile werden mit wasserfeste Stiften bemalt. Geben Sie nur an die Innen kante der Fensterläden Klebstoff, somit ste hen sie etwas ab.

Ca. 2 cm Buchsbaumgirlande zieren jede Fenster. Sie können kleine Stücke Buchs baum auch als Büsche anbringen. Klein ge schnittene Moosgummireste dienen als Blu menschmuck. Die Schornsteine aus ca. 2 cn langem Moosgummischlauch werden a einer Seite schräg geschnitten und mit Kleb

(weiter Seite 12

Blumen-töpfchen

Eierhäuser

(Beschreibung auf Seite 8)

- *Friesenbaum, 3 Streben, 45 cm hoch, hängend*
- *5 Styroporeier, 6 cm lang*
- *Acryl-Mattfarbe, weiß, beige*
- *Acryl-Glanzfarbe, gelb*
- *Moosgummi, 1 mm stark, rot, hellgrün, hellblau und Reste für Fensterläden, Blumen und Türen*
- *Moosgummi, 2 mm stark, hellbraun*
- *Moosgummischlauch, ø 7 mm, rot*
- *Zackenschere*
- *Buchsbaumgirlande, 70 cm*
- *Rosenblättergirlande, 1 m*
- *8 Osterglockenblüten*
- *Grasfaser, grün*
- *Deko-Blüten*
- *Wasserfester Filzstift, braun, schwarz*
- *2 Pompons, weiß, ø 7 mm*
- *5 Styroporaufhänger*
- *Band, grün mit weißen Punkten, 2 x 50 cm, 2 x 25 cm, 25 mm breit, Einfachschleifen*
- *Satinband, grün, 3 mm breit, 8 x 40 cm, Doppelschleifen und ca. 60 cm zum Aufhängen der Häuser*

Küken

(Beschreibung auf Seite 12)

- Friesenbaum, 3 Streben, ca. 45 cm hoch, hängend
- 5 Styroporeier, 6 cm lang
- 5 Styroporkugeln, ø 3 cm
- Federn, gelb
- Blüten, hellgrün, gelb, weiß, rosa
- 2 Blätter
- 1 Riedgraszweig
- Wellpappe, grün
- Fotokarton, orange, hellorange
- Perlenkette, ø 4 mm, 3 x 8 cm lang
- Acryl-Glanzfarbe, gelb
- 2 verschiedene Bandreste, 3,5 cm lang
- 10 Wackelaugen mit Wimpern, ø 10 mm
- 10 Holzspieße
- 5 Zahnstocher
- Cutter
- 3 Styropor-aufhänger
- 3 mm Satinband, rosa, hellgrün, hellblau, 2 x 50 cm
- Je 1 Schleife aus 15 cm langem, gepunkteten Band, rosa, hellgrün, blau, 15 mm breit
- Nähgarn, gelb

stoff auf dem Dach fixiert. Fertigen Sie aus 2 mm starkem, hellbraunem Moosgummi zwei Hasen an, bemalen Sie sie mit braunem Stift und kleben Sie jedem Häschen ein weißes Pompon als Schwänzchen an. Die Lichtreflexe werden mit weißer Mattfarbe aufgemalt. Gemeinsam mit etwas Grasfaser platzieren Sie beide auf den Querstreben.

Winden Sie die Rosenblattgirlande um die Längsstrebe und drahten Sie die Enden an. An den Querstreben hängen Sie die Häuser am 3 mm breiten, grünen Satinband auf, danach verdecken Sie die Aufhängeöse am Dach mit Blüten. Vier Osterglockenblüten befestigen Sie auf beiden Seiten der Längsstrebe. Verteilen Sie alle Schleifen entsprechend der Abbildung.

Küken (Abbildung auf Seite 11)

Beginnen Sie mit dem Bemalen aller Styroporeier und- kugeln mit der Acryl-Glanzfarbe. Leichter geht es, wenn Sie die Styroporteile auf Holzspieße stecken. Drehen Sie die Spieße an den Stellen, an denen nach dem Trocknen Kopf und Körper mit einem Zahnstocher und etwas Klebstoff angebracht werden sollen, hinein. Nachdem die Teile trocken sind, werden die Holzspieße wieder entfernt. Dann setzen Sie die Küken zusammen. Ritzen Sie den Kopf mit dem Cutter so ein, dass der zur Hälfte gefaltete Schnabel aus hellorangefarbenem Fotokarton eingesteckt werden kann.

Versehen Sie jedes Entchen mit zwei Füßen aus orangefarbenem Fotokarton, zwei Flügeln aus gelben Federn und zwei Wackelaugen. Ein kleines Federbüschel wird mithilfe eines Spießes vorsichtig in den Kopf gedrückt. Alle Kükendamen schmücken Sie mit einer gepunkteten Schleife und einer Perlenkette, die um den Hals gelegt und zusammengeklebt wird. Beide Herren begrüßen ihre Damen mit einer Blume im Schnabel und einer Fliege am Hals. Für diese raffen Sie einen 3,5 cm langen Rest Band in der Mitte zusammen und fixieren es mit Draht.

Versehen Sie drei Küken mit einem Styroporaufhänger und hängen Sie sie an einem Faden auf. Nun schneiden Sie drei Wiesenstücke aus grüner Wellpappe zurecht, davon werden zwei versetzt an die Querstreben geklebt, eine hängen Sie auf. Jetzt benötigen Sie noch zwei Schleifen, die jeweils aus Satinband in Rosa, Hellgrün und Hellblau zu einer Einfachschleife gelegt werden. Befestigen Sie beide Schleifen auf beiden Seiten des Friesenbaumes. Die Bandenden können Sie ebenfalls mit kleinen Blüten versehen. Vom Riedgras schneiden Sie einige Halme ab und bringen sie an den Wiesen an. Verzieren Sie zum Schluss das Fensterkreuz mit Blüten und Blättern.

Margeriten

Streichen Sie das Fensterkreuz bis auf die Kugeln gelbgrün. Es kann so aufgehängt werden, wie auf S. 16 beschrieben. Auf weißen Moosgummi werden mit Phantomstift für jede Margerite zwei Blütenkreise gemalt und ausgeschnitten. Versetzt werden beide Teile aufeinander geklebt. Rollen Sie für jede Seite den Chenilledraht schneckenförmig zusammen und kleben Sie ihn als Blütenmitte auf.

Winden Sie um die Mittelachse des Fensterkreuzes die Girlande, wobei Sie sie an bei-

Margeriten

- Friesenbaum, 3 Querstreben, ca. 45 cm hoch, hängend
- Acryl-Mattfarbe, gelbgrün
- Rosenblättergirlande, ca. 1m
- 2 Holz-Marienkäfer
- Moosgummi, 2 mm stark, weiß
- Tonkarton, grün mit weißen Punkten
- 2 Leeablätterzweige
- 2 Holzperlen, ø 12 mm, gelb
- Chenilledraht, gelb
- Tüllband, hellgrün mit Margeriten, 4 cm breit, 2 x 50 cm, Einfachschleifen
- Satinband, gelb, 3 mm breit, 2 x 80 cm, Einfachschleifen
- Satinband, hellgrün, 3 mm breit, 2 x 60 cm, Einfachschleifen
- Nähgarn, weiß

den Enden mit Bindedraht andrahten oder ankleben. Legen Sie nun beide Blätterzweige an die Mittelachse und befestigen Sie diese mit Draht. Einige Äste biegen Sie leicht um die Querstreben. Der untere Teil des Fensterkreuzes sowie die Stielansätze der Zweige werden durch zwei aneinander geklebte Töpfe aus gepunktetem Tonkarton abgedeckt.

Kleben Sie zwei Blüten an die Spitze des Baumes. Ziehen Sie mit einer Nadel einen Faden durch die restlichen Blumen und hängen Sie sie an den Baum. Auf die Mitte der untersten Querstrebe setzen Sie beidseitig je eine Tüllschleife, eine gelbe und darauf eine hellgrüne Satinschleife. Fädeln Sie Holzperlen auf dünne Bänder und fixieren Sie sie mit einem Knoten. Einige Blätter des Leeazweiges werden vereinzelt am Friesenbaum befestigt. Zum Schluss bringen Sie die Marienkäfer an.

Marienkäfer

- *Friesenbaum, 3 Querstreben, ca. 65 cm hoch, stehend*
- *Acryl-Mattfarbe, hellgrün*
- *Acryl-Glanzfarbe, schwarz*
- *2 Styroporeier, 4 cm lang*
- *3 Styroporeier, 6 cm lang*
- *Steckdraht, ca. 0,8 mm stark*
- *Kettelzange*
- *54 Pompons, schwarz, ø 7 mm*
- *18 Holzperlen, weiß, ø 4 mm*
- *Moosgummi, 2 mm stark, schwarz, rot*
- *Wasserfester Filzstift, schwarz*
- *3 Kleeblätter*
- *2 Wiesenkrautzweige*
- *Gänseblümchen*
- *Naturbast, hellgrün*
- *Grasfaser, hellgrün*
- *Erikamoos, grün*
- *2 Styroporaufhänger*
- *Drahtband, hellgrün mit Marienkäfern, 40 mm breit, 2 x 30 cm, 2 x 60 cm, Einfachschleifen*

Mit hellgrüner Acryl-Mattfarbe bemalen Sie die Holzkugeln des Friesenbaumes. Halbieren Sie alle Styroporeier entlang der Längsseite vorsichtig mit einem scharfen Messer (ein großes halbes Ei wird nicht benötigt). Die stumpfe Seite des Eis wird der Kopf. Formen Sie aus ca. 4 cm Steckdraht für jeden Käfer mit der Kettelzange ein Paar Fühler. Nun werden die Fühler in das Kopfteil gesteckt und mit etwas Klebstoff versehen. Bemalen Sie alles mit schwarzer Acryl-Glanzfarbe.

Schneiden Sie aus schwarzem Moosgummi die Unterseiten mit Beinen aus und befestigen Sie diese auf der Schnittstelle. Aus rotem Moosgummi werden alle Flügel angefertigt und mit Klebstoff auf der gewölbten Seite fixiert. Als Augen dienen weiße Holzperlen. Je drei schwarze Pompons werden auf jeden Flügel geklebt, mit schwarzem Stift wird die Mitte der Flügel aufgemalt. Zwei Käfern drehen Sie einen Styroporaufhänger in den Rücken und hängen sie auf, alle anderen werden verteilt auf das Fensterkreuz geklebt. Grasfaser, Erikamoos und beide längeren Schleifen bringen Sie auf der Ständerplatte an. An die Mittelstrebe kleben Sie im unteren Teil alle Wiesenkrautzweige, einzelne Gänseblümchen und Erikamoos. Etwas grüner Bast wird entlang der Mittelstrebe angeknotet. Einige Blüten, Blätter, Erikamoos und Kleeblätter verteilt man am Friesenbaum. Beide kürzeren Schleifen bekommen ihren Platz an der Spitze des Marienkäferbaumes.

Marien-käfer

Bärenkinder

- *Friesenbaum, 2 Querstreben, ca. 34 cm hoch, hängend*
- *Acryl-Mattfarbe, rosa*
- *6 Holzperlen, ø 14 mm, verschiedene Farben*
- *24 Halbperlen, ø 6 mm, schwarz*
- *Filzstift, schwarz*
- *6 verschiedene Bogen Duo-Tonkarton*
- *Fotokarton, weiß und Reste in verschiedenen Farben*
- *Satinband, rosa mit weißen Punkten, 15 mm breit, 4 x 30 cm, Einfachschleifen*
- *Satinband, gelb, rosa, hellgrün, weiß, 3 mm breit, je 2 x 70 cm*
- *Nähgarn, rosa*

Bemalen Sie das Fensterkreuz bis auf die Kugeln rosa. Jeder Teddy besteht aus Duo-Tonkarton, Vorder- und Rückseite sind also unterschiedlich gefärbt. Nett sieht es aus, wenn Sie Ohren und Fußsohlen jeweils in der Farbe der rückwärtigen Seite arbeiten.

Die Arme werden separat ausgeschnitten. Kleben Sie den Bären beidseitig ein Schnäuzchen aus weißem Fotokarton auf. Die Schleifen schneiden Sie aus Resten aus. Als Augen werden schwarze Halbperlen aufgeklebt, mit schwarzem Stift malen Sie die Konturen.

Versehen Sie alle Teddys mit einem Aufhänger aus rosa Garn und hängen Sie sie am Friesenbaum auf. Befestigen Sie mit Klebstoff die rosa gepunkteten Schleifen entlang der Mittelstrebe. Die Einfachschleifen aus Satinband in Gelb, Rosa und Hellgrün werden auf den Schleifen auf der untersten Querstrebe fixiert. Ziehen Sie bunte Holzperlen auf die dünnen Bänder und geben Sie ihnen durch einen Knoten Halt.

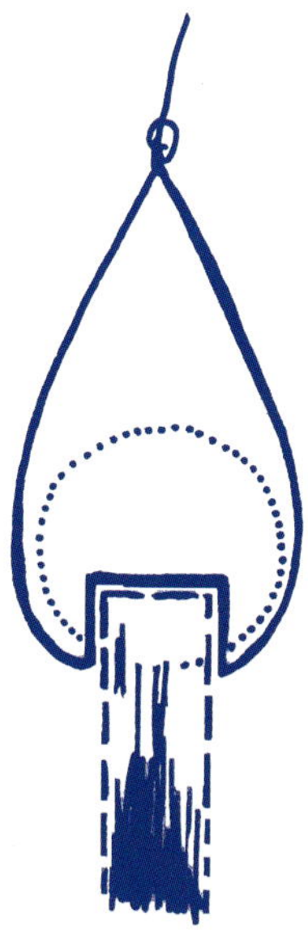

Nehmen Sie die Kugel von der Mittelstrebe ab, legen Sie das 3 mm breite Band mittig auf diese, legen Sie die Bandenden nach unten und drücken Sie darauf die Kugel. Nun nehmen Sie das Band als Aufhänger nach oben.

Befestigen Sie zuerst je einen Steckdraht (ca. 8 cm lang) in der Vertiefung der Wattekugeln. Malen Sie die Wattekugeln mit Acryl-Mattfarbe hellgrün an.

Zeichnen Sie für das Kleid mit Phantomstift Vorlage 1 zweimal und Vorlage 2 einmal auf das Moosgummi. Für den Kragen wird die Vorlage 2 einmal ausgeschnitten. Alle Blütenkreise werden tief eingeschnitten. Auf die getrocknete Wattekugel geben Sie rund um den Draht dünn UHU-por und lassen ihn antrocknen.

Die Mitte eines großen Blütenkreises wird ebenfalls dünn mit UHU-por eingestrichen, diese Fläche muss der Klebefläche der Wattekugel entsprechen. Auch hier lassen Sie den Klebstoff antrocknen. Stechen Sie nun mit dem Steckdraht durch die Mitte des Blütenkreises und ziehen Sie so lange an der Wattekugel, bis sie auf der Klebefläche des Blütenkreises liegt. Drücken Sie das Moosgummi gleichmäßig an, dabei nicht ziehen. Die Fläche unter der entstandenen Blüte sowie die Mitte des zweiten großen Blütenkreises versehen Sie mit Klebstoff, lassen diesen antrocknen und drücken ihn dann an. Diesen Vorgang wiederholen Sie mit dem kleinen Blütenkreis.

Für die Arme biegen Sie ca. 8 cm Chenilledraht auf die Hälfte. Die Biegung legen Sie um den Stiel und fixieren die Arme mit etwas Klebstoff. Stechen Sie mit dem Steckdraht durch die Mitte des Kragens und schieben Sie diesen bis auf die Arme.

Damit der Kragen etwas anliegt, kann man vorsichtig auf Vorder- und Rückseite des Püppchens einige Blütenblätter kleben. Das Gesicht wird mit Acryl-Mattfarbe mit einem spitzen Pinsel auf eine Holzkugel (ø 20 mm) gemalt (s. Vorlagenbogen). Schieben Sie dann die Kugel auf dem Stiel bis zum Kragen und fixieren ihn mit Klebstoff. Kleben Sie nun Haare auf den Kopf.

Nun schneiden Sie noch einen Blattkreis aus grünem Moosgummi und befestigen ihn auf dem Kopf, indem Sie ihn nicht in der Mitte, sondern 1 cm von ihr entfernt durchstechen. Den Rest des Stieles kürzen Sie auf ca. 1 cm und biegen ihn mit einer Kettelzange zu einer Aufhängeöse.

Drehen Sie zwei kleine Holzkugeln als Hände auf die Arme. Jedes Püppchen bekommt einen kleinen Blumenstrauß aus Blüten in den Arm gelegt. Mit Seidenmalfarbe wird nun der Friesenbaum mit weinroter, die Holzkugeln mit hellgrüner Acryl-Mattfarbe bemalt. Winden Sie die Buchsbaumgirlande um die Mittelstrebe und drahten Sie die Enden fest. Um die Spitze binden Sie aus dem 3 mm breiten, hellgrünen Satinband eine Schleife.

Auf einer der untersten Streben befestigen Sie die Tüllschleife mit etwas Klebstoff. Zuvor biegen Sie beide Schleifenenden ca. 4 cm auf die Rückseite zu Schlaufen, drahten diese dann fest und setzen eine Blüte auf den Draht. So haben Sie einen sauberen Abschluss. Nun werden alle Körbe mit Blumen gefüllt. Schmücken Sie Ihren Friesenbaum mit hängenden oder aufgeklebten Blütenkindern und Körben.

- Friesenbaum, 12 Querstreben, ca. 65 cm hoch, stehend
- Acryl-Mattfarbe, hellgrün, schwarz, karmin, weiß
- Seidenmalfarbe, bügelfixierbar, weinrot
- Deko-Blüten
- 6 Körbe, ø ca. 3,5 cm, 2 cm hoch
- 1 Korb, ø ca. 7 cm, 5 cm hoch
- Moosgummi, 1 mm stark, grün, rosa, altrosa, weiß
- Kettelzange
- Kunsthaarlocken
- 12 Holzkugeln, ø 20 mm, mit Bohrung
- 24 Holzkugeln, ø 0,7 mm, mit Bohrung
- 12 Wattekugeln, ø 12 mm
- Steckdraht, ø ca. 0,8 mm
- 80 cm Tülldrahtband, hellgrün, 4 cm breit, Einfachschleife
- Buchsbaum-girlande, ca. 1m
- Satinband, grün, 3 mm breit, 30 cm
- Nähgarn, weinrot

Fische

- *Friesenbaum, 3 Querstreben, ca. 57 cm hoch, stehend*
- *Acryl-Glanzfarbe, hellblau, mintgrün, gelb, hellgrün, weiß, rosa, orange, pink*
- *Fotokarton, gelb, blau, hellgrün, hellblau, weiß, lila, rot*
- *Wellpappe, braun*
- *Verschiedene Muscheln*
- *1 Wasserfederzweig*
- *Naturbast, blau*
- *8 Wackelaugen, ø 6 mm*
- *6 Wackelaugen, ø 10 mm*
- *Paketschnur*
- *Gitterband, beige, 7 cm breit, 1 x 40 cm, 1 x 50 cm, 1 x 60 cm*
- *Cutter*
- *7 Schaschlikstäbchen*
- *2 Styroporeier, 4,5 cm lang*
- *2 Styroporeier, 6 cm lang*
- *1 Styroporkugel, ø 4 cm*
- *1 Styroporkugel, ø 5 cm*
- *1 Styropor-Medaillon, ø 8 cm*
- *Nähgarn, hellblau*

Der Friesenbaum wird hellblau, die Kugeln sowie der Rand des Ständers werden mintgrün bemalt.

Spießen Sie alle Styroporteile vorsichtig an der Stelle, an der später die Schwanzflosse angebracht wird, auf ein Schaschlikstäbchen. So können Sie die Teile besser bemalen. Auf dem Vorlagenbogen finden Sie die Farbkombinationen der Fische.

Ritzen Sie mit dem Cutter für Flossen und Maul das Styropor an den entsprechenden Stellen ein (orientieren Sie sich dazu bitte an der Abbildung) und stecken Sie die Teile fest hinein. Befestigen Sie mit etwas Klebstoff die Wackelaugen (ø 10 mm) an den Fischen in Gelb, Orange und Hellgrün, alle anderen Fische bekommen Augen mit dem ø 6 mm.

Winden Sie um jede Querstrebe ein passend zugeschnittenes Gitterband, die Enden werden mit Paketschnur festgebunden. Nun versehen Sie alle Fische an der Rückenflosse mit Nähgarn und hängen sie auf.

Den in mehrere Teile geschnittenen Wasserfederzweig kleben Sie unten um die Mittelstrebe. Mit einigen blauen Bastfäden binden Sie die Zweige nochmals fest.

Kleben Sie verschiedene Muscheln und drei Seesterne aus brauner Wellpappe nach Belieben auf den Baum.

Flamingos

- *Friesenbaum, 3 Querstreben, ca. 39 cm hoch, hängend*
- *Acryl-Glanzfarbe, mintgrün*
- *Pluster-Pen®, weiß (von Hobbidee®)*
- *3D-Colorwellpappe, grün*
- *Fotokarton, orange, weiß, hellbraun, rosa, pink, beige, hellblau*
- *Filzstift, schwarz, braun*
- *Federn, rosa*
- *Satinband, hellblau, 3 mm breit, 2 x 60 cm, 2 x 80 cm*
- *Nähgarn, rosa*

Bemalen Sie den Friesenbaum bis auf die Kugeln mit mintgrüner Acryl-Glanzfarbe. Schneiden Sie aus rosa Fotokarton je drei Flamingokörper. Nun folgen die Beine aus pinkfarbenem Fotokarton. Kleben Sie auf jede Seite ein Bein. Der pinkfarbene Schnabel wird beidseitig angebracht. Mit schwarzem Filzstift malen Sie Augen und Schnabel auf. Als Flügel wird auf jeder Seite eine rosa Feder angebracht. Hängen Sie die Flamingos mit Nähgarn auf.

Nun kleben Sie aus hellbraunem Fotokarton für den Stamm und aus 3D-Colorwellpappe für die Palmenwedel zwei große und vie kleine Palmen zusammen und umranden den Stamm mit braunem Filzstift. Stellen Sie zwe Palmengruppen aus einmal zwei und einma drei Bäumen zusammen, decken Sie di Stammenden mit zwei Sandhügeln aus beigem Fotokarton beidseitig ab und befestigen Sie diese am Friesenbaum. Die einzelne Palme wird aufgehängt.

Die Wellen schneiden Sie viermal aus hellblauem Fotokarton zu und verzieren diese laut Herstellerangaben mit weißer Plusterfarbe.

Bringen Sie Wellen, Sonne und Wolken gemäß der Abbildung an. Binden Sie zum Schluss auf jede Seite eine Schleife aus einem 60 cm und einem 80 cm langen, hellblauen Satinband.

Birnbaum (Abbildung auf Seite 25)

- *Friesenbaum, 3 Querstreben, ca. 25 cm hoch, hängend*
- *Acryl-Glanzfarbe, gelb*
- *Fotokarton, hellgrün, grün, braun, creme*
- *Naturbast, 2 Einfachschleifen*
- *2 kleine Zweige*
- *Filzstift, hellgrün, schwarz*
- *Band, gelb mit Blüten, 1 cm breit, 2 x 40 cm, Doppelschleifen*
- *Nähgarn, grün*

Das Fensterkreuz malen Sie mit Acryl-Glanzfarbe in Gelb an. Es werden nun sieben Birnen komplett hergestellt. Hierbei werden der Birnenkörper aus hellgrünem, die Stiele aus braunem und die Schnittstelle aus cremefarbenem Fotokarton ausgeschnitten und in dieser Reihenfolge zusammengeklebt. Blätter aus grünem Fotokarton werden nach Belieben auf die Stiele geklebt. Kerne und die vertrocknete Blüte malen Sie mit schwarzem, alle anderen Konturen mit hellgrünem Filzstift auf. Jetzt werden fünf Birnen an je einem Faden aufgehängt. Die anderen beiden Birnen werden an beide Seiten der Mittelstrebe geklebt. Platzieren Sie die Naturbastschleifen in der Mitte der oberen und die gelb gemusterten Schleifen in der Mitte der untersten Querstrebe. Verzieren Sie den Baum mit Deko Zweigen.

Apfelbaum

- *Mini-Friesenbaum in Natur, ca. 16 cm hoch, hängend*
- *Tonkarton, rot, braun, grün*
- *Naturbast, grün, 2 Einfachschleifen*
- *Filzstift, grün, schwarz*
- *Nähgarn, hellgrün*

Aus rotem Tonkarton werden sechs Apfelkörper ausgeschnitten. Die Blattadern malen Sie mit grünem Filzstift auf die Blätter, die vertrocknete Blüte wird mit schwarzem Filzstift aufgemalt. Fixieren Sie mit Klebstoff einen braunen Stiel und darauf ein Blatt. Fünf Äpfel hängen Sie auf, den sechsten Apfel kleben Sie an die Spitze des Friesenbaumes. Die Schleifen bringen Sie an der mittleren Strebe an.

Sonnenblumen (Abbildung auf Seite 26)

Bemalen Sie den Friesenbaum mit brauner Acryl-Glanzfarbe. Zeichnen Sie mit Phantomstift für jede Blüte zwei Blütenkreise auf gelbes Moosgummi und schneiden Sie diese aus. Auf einem Blütenkreis fixieren Sie mit Klebstoff den Stängel aus grünem Moosgummi und befestigen darauf versetzt den zweiten Blütenkreis. Es werden sieben Stängel benötigt, diese können Sie auf die gewünschte Länge schneiden.

Auf der Vorlage finden Sie verschiedene Blattgrößen; für welche Sie sich entscheiden, bleibt Ihnen überlassen. Die Blätter sind herzförmig, man kann deshalb einen Bogen auf und einen unter den Stängel kleben. Rollen Sie nun entsprechend der Blütenmitten für jede Seite braunen Chenilledraht auf und befestigen Sie diesen mit Klebstoff. Bemalen Sie mit braunem Filzstift die Blütenblätter und mit grünem Stift die Blätter und Stängel.

Aus hellbraunem Moosgummi schneiden Sie den Zaun zu und kleben ihn zusammen. Deuten Sie mit braunem Filzstift die Holzmaserung an. Rechen und Sense fixieren Sie mit Heißkleber, mit etwas Bast werden sie nochmals fest angebunden.

Nun befestigen Sie den Zaun an der unteren Querstrebe und verteilen auf ihm etwas Grasfaser und Getreide. Hängen Sie mit Perlonfaden die Sonnenblumen unterschiedlich lang auf.

Da die Stängel mit Klebstoff versehen und an die Streben geklebt werden, können die Blüten auch schräg angebracht werden. Außerdem bekommen sie so mehr Halt. Die zwei untersten Blüten binden Sie am Stiel mit Bast zusammen und setzen von beiden Seiten eine braun-karierte Schleife mit Bast an. Nun verteilen Sie einige Brombeeren und schmücken die Spitze auf beiden Seiten mit einer Bastschleife.

Der Herbst ist da! (Abbildung auf Seite 27)

Bis auf die Kugeln wird der Friesenbaum mit orangefarbener Seidenmalfarbe bemalt. Auf die Längsstrebe kleben Sie beidseitig einen Stamm aus 3D-Colorwellpappe, am besten kleben Sie die gegenüberliegenden Astspitzen gleich zusammen. Bemalen Sie die

Birnbaum + Apfelbaum

Sonnen-blumen

(Beschreibung auf Seite 24)

- *Friesenbaum, 3 Querstreben, ca. 39 cm hoch, hängend*
- *Acryl-Glanzfarbe, braun*
- *Moosgummi, 2 mm stark, gelb, grün, hellbraun*
- *Chenilledraht, braun*
- *Wasserfester Folienstift, braun, grün*
- *2 Naturbastschleifen, Einfachschleifen*
- *Brombeerbündel*

- *Verschiedene Getreidearten*
- *1 Rechen, ca. 25 cm lang*
- *1 Sense, ca. 25 cm lang*
- *Grasfaser, natur*
- *Perlonfaden, 0,15 mm stark*
- *Karoband, braun, 25 mm breit, 2 x 30 cm, Einfachschleifen*

Der Herbst ist da!

(Beschreibung auf Seite 24)

Friesenbaum, 3 Querstreben, ca. 47 cm hoch, hängend
Seidenmalfarbe, bügelfixierbar, orange
Fotokarton, hellgrün, hellbraun, dunkelgrün, braun, beige
Regenbogen-Tonkarton
3D-Colorwellpappe, braun
Filzstift, braun, schwarz
Naturbast, 2 Einfachschleifen
Nähgarn, orange

Augen des Eichhörnchens aus hellbraunem Fotokarton mit schwarzem und die Konturen mit braunem Filzstift.

Die Igel haben einen Bauch aus hellbraunem und auf beiden Seiten Stacheln aus braunem Fotokarton. Malen Sie Stacheln, Augen und Schnäuzchen mit schwarzem Filzstift auf.

Die braunen Pilzhüte kleben Sie beidseitig an einen Stiel aus beigem Fotokarton. Kleben Sie die Teile an die Querstreben. Schneiden Sie 17 Blätter aus Regenbogenkarton, acht Früchte aus hellgrünem Fotokarton, die mit schwarzem Filzstift bemalt werden, 10 Kastanien aus braunem und hellbraunem Fotokarton sowie zwei dunkelgrüne und ein hellgrünes Grasbüschel zu.

Bringen Sie nun beide Schleifen an und binden Sie einige hängende Bastfäden an jede Seite der unteren Strebe. Binden oder kleben Sie ganz nach Geschmack einige Blätter, Kastanien, Früchte und Grasbüschel an Bastfäden sowie an die untere Querstrebe. Weitere Blätter und Früchte befestigen Sie am Baum. Sie können auch einige Kastanien an Fäden aufhängen.

Appetit auf Lebkuchen?

Bemalen Sie den Friesenbaum gold, die Holzkugeln grün. Zeichnen Sie mit dem Phantomstift auf braunen Moosgummi zwei Sterne, zwei Lebkuchen, zwei Herzen und drei blütenförmige Lebkuchen. Auf weißen Moosgummi zeichnen Sie drei Zuckerstangen sowie Mandeln und Sterne, auf hellbraunen Moosgummi werden die Nüsse übertragen. Alle Teile schneiden Sie aus und setzen sie beidseitig zusammen. Mit rotem Terrakotta-Pen bemalen Sie die Zuckerstange. Den blütenförmigen Lebkuchen malen Sie mit weißem Terrakotta-Pen Zuckerguss auf.

Bringen Sie entlang der Querstreben die Perlenschnur und die Tannengirlande bogenförmig an. Die Enden können mit Bindedraht oder Heißkleber fixiert werden. Hängen Sie die Gebäckstücke auf und bringen Sie vor jeder Holzkugel eine rote Schleife an. In die Mitte der unteren Querstrebe setzen Sie beidseitig eine rote und darauf eine grüne Doppelschleife. In die Mitte der anderen Querstreben setzen Sie die einfachen roten Drahtschleifen und in deren Mitte eine grüne Satinschleife. Binden Sie um jede Zuckerstange eine rote Schleife.

Winterlandschaft

(Abbildung auf Seite 31)

- *Friesenbaum, 3 Querstreben, ca. 54 cm hoch, hängend*
- *Acryl-Mattfarbe, hellblau, weiß*
- *Moosgummi, 2 mm stark, weiß, hellblau, mint, rosa, hellbraun, lila*
- *Moosgummi, 1 mm stark, gelb*
- *3D-Moosgummi, weiß*
- *Füllwatte*
- *Äste, klein*
- *37 Pompons, weiß*
- *Glitzerfarbe, irisierend*
- *Taftband, hellblau, 10 mm breit, 2 x 1,10 m, Doppelschleifen*
- *Satinband, weiß, 3 mm breit, 2 x 60 cm, Doppelschleifen*
- *Perlonfaden, ø 0,15 mm*

(weiter auf Seite 30)

Appetit auf Lebkuchen!

- Friesenbaum, 3 Querstreben, ca. 39 cm hoch, hängend
- Acryl-Glanzfarbe, gold
- Acryl-Mattfarbe, grün
- Moosgummi, 2 mm stark, braun, hellbraun, weiß
- Terrakotta-Pen, rot, weiß (von Hobbidee®)
- Perlenschnur, ø 3 mm, ca. 1,10 m, gold
- Tannengirlande, 1 x 50 cm, 1 x 40 cm, 1 x 25 cm
- Ziehband, rot, 10 mm breit, 6 x 50 cm
- Drahtband, rot, 25 mm breit, 2 x 70 cm, Doppelschleifen
- Drahtband, rot, 25 mm breit, 4 x 30 cm, Einfachschleifen
- Satinband, grün, 3 mm breit, 4 x 20 cm, Einfachschleifen und 2 x 60 cm, Doppelschleifen
- Satinband, rot, 3 mm breit, 3 x 20 cm
- Perlonfaden, ø 15 mm

Bemalen Sie bis auf die untere Holzkugel an der Mittelstrebe alles mit hellblauer Acryl-Mattfarbe. Mit weißer Farbe wird die Holzkugel bemalt. Aufgehängt wird der Baum wie auf S. 16 beschrieben.

Zeichnen Sie mit dem Phantomstift alle Teile auf Moosgummi und schneiden Sie sie aus. Auf dem Vorlagenbogen finden Sie Angaben zu Anzahl und Farben. Die Fenster und Dächer aus 1 mm starkem, gelbem Moosgummi werden an beiden Seiten der Häuser angebracht. Die Schornsteine kleben Sie auf die Dächer.

Befestigen Sie auf jeder Seite über der weißen Kugel einen Tannenbaum (Vorlage 5) aus 3D-Moosgummi. Dann kleben Sie die fertigen Häuser auf die untere Querstrebe und befestigen an dieser seitlich etwas Füllwatte. Zwei hellblaue Bäume (je einmal Vorlage 2 und 4) und alle weißen Bäume (zweimal Vorlage 4, einmal Vorlage 3, zweimal Vorlage 2) verteilen Sie auf beiden Seiten an der Stadt. Entlang der mittleren Querstrebe kleben Sie verteilt alle hellblauen Tannenbäume in unterschiedlicher Höhe an (siebenmal Vor lage 4, zweimal Vorlage 3, einmal Vorlagen und 1). Mithilfe einer Nadel ziehen Sie de Perlonfaden durch die Pompons.

Nach jedem Pompon bringen Sie in ge wünschter Höhe einen Knoten an, damit si nicht verrutschen. Hängen Sie die Schnee flockenketten an der oberen und mittlere Strebe in unterschiedlicher Länge auf. Zwe Wolken aus weißem Moosgummi kleben Si auf, zwei hängen Sie auf.

Über der weißen Kugel wird beidseitig ein blaue Schleife angebracht, vor der blaue Kugel kleben Sie bogenförmig die Bänder a und lassen Sie ca. 10 cm herunterhänger Die weißen Satinschleifen, an deren Ende m wenig Klebstoff Pompons angebracht wur den, werden ebenfalls vor der blauen Kuge angebracht. Verzieren Sie die Stadt mit klei nen Ästen und den Mittelpunkt der blaue Schleife mit je einem Pompon. Nun könne Sie nach Belieben irisierende Glitzerfarbe mi einem Pinsel auftragen.

sternenleuchter

(Abbildung auf Seite 32)

Besprühen Sie eine Seite einer weißen Moosgummiplatte mit goldener Farbe gleichmäßig. Dabei wölbt sich die Platte, nach dem Trocknen nimmt sie ihre ursprüngliche Form aber wieder an. Bemalen Sie den Friesenbaum in Creme und setzen Sie alle Kerzenhalter sowie den Rand des Ständers mit goldener Farbe ab.

Mit Phantomstift zeichnen Sie auf weißes und goldenes Moosgummi unterschiedliche Sterne und schneiden sie aus. Große Sterne können auf beiden Seiten mit einem beliebigen kleineren, versetzt aufgeklebten Stern verziert werden. Kleinere Sterne entstehen, indem Sie zwei Sterne versetzt aufeinander kleben. Auf den Sternen können Sie nach Wahl Zimtstangen, Sternanis oder Gewürznelken anbringen. Schön wirkt es, wenn Si die Gewürze vorher mit Effektdraht um wickeln oder nach dem Aufkleben der Ge würze den gesamten Stern mit Effektdrah umwickeln. Die Sterne werden an Perlonfä den aufgehängt.

Winden Sie die ca. 80 cm lange Tannen girlande um die Säule. Alle Leuchter werde unter den Tüllen mit je 10 cm Tannengirland verziert. Von beiden Seiten platzieren Sie a der Spitze des Friesenbaumes die goldka rierten Schleifen. Dekorieren Sie auf de Ständerfläche Lärchenzweig, beschneite Tannenzweig, Christrosen, Goldbeerenzwei und eine goldene Schleife aus Gitterbanc Mit Holz und kleinen Moosgummisterne schmücken Sie den Baum zum Schluss.

Winterlandschaft

Sternenleuchter

- Friesenbaum mit Ständer und Leuchter, 3 Querstreben, ca. 53 cm hoch
- Acryl-Mattfarbe, creme, gold
- Color-Acrylspray, gold, seidenmatt
- Moosgummi, 2 mm stark, weiß (mindestens 2 Platten)
- Effektdraht, gold
- Holzsterne mit Goldglitzer
- Gewürznelken, Zimtstangen, Sternanis
- Dünne Tannengirlande, 7 x 10 cm
- Draht-Gitterband mit Sternen, gold, 5 cm breit, 1 m, Einfachschleife
- Band, goldkariert, 12 mm breit, 2 x 50 cm, Doppelschleifen
- Dünne Tannenschnur, ca. 80 cm
- 1 Tannenzweig, beschneit
- 1 Lärchenzweig
- Christrosen
- Beerenzweig, gold
- Perlonfaden, ø 0,15 mm